황혼이 올 때

황혼이 올 때

한시용 시선집

해암

|시인의 말|

나의 고향은 자연 풍광이 아름다운 제주 서귀포입니다. 사시사철 푸른 파도가 밀려오고 눈 내린 한라산이며 정방폭포 천지연폭포 등은 말 그대로 시의 형상입니다. 내가 이 아름다운 서정과 접하면서 어린 시절을 보내었던 것이 시와 인연을 맺은 이유인듯 합니다.

어느 따뜻한 봄날 시가 찾아왔습니다. 교자문원에 시를 투고하였는데 당시 심사를 맡으셨던 미당 서정주 선생님께서 추천의 말씀을 감격스럽게 써 주셨습니다. 그 때부터 산길을 가다가 산딸기 한 톨 따먹는 심정으로 드문드문 서정의 노래를 즐겨 부를 수 있었습니다.

오랜 망설임 끝에 환갑이 지나서야 첫 시집을 선보였고 그 후 시조에 심취되어 노년의 세월을 즐겼습니다.

그동안 저의 시와 시조를 읽으시고 많은 성원을 보내주신 여러분께 감사의 말씀을 드리며 시선집 상재의 기쁨을 사랑하는 가족들과 함께 나누고 싶습니다.

2024년 1월 1일

한시용

| 차례 |

1부 _ 꽃이 전하는 말

2부 _ 사랑이어라

3부 _ 바람소리 물소리

4부 _ 장산의 메아리

5부 _ 황혼이 올 때

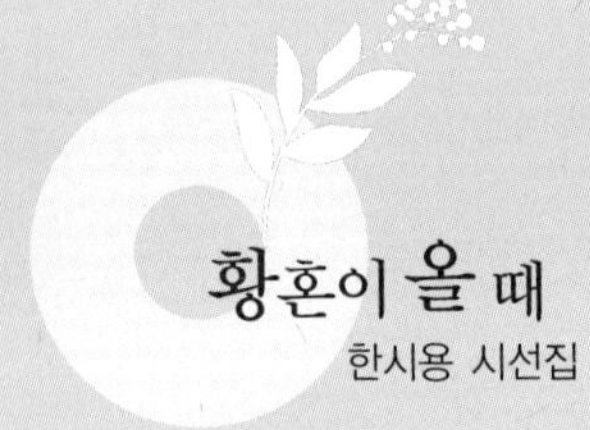

황혼이 올 때

한시용 시선집

제1부

꽃이 전하는 말

봄소녀

노고지리 울고 간
금송아지 놀던 밭에

쏘옥 고개 내민
민들레 노란 웃음

고개 넘어 뉘 찾으며
봄을 심는 소녀야

겨우내 냉가슴속
기다림에 지친 눈매

살며시 말 묻자
뉘찾아 오는고

교육자료(1966년 7월호) 교자문원 1회 추천작이며
미당 서정주 선생님께서 추천하여 주셨습니다

봄산

봄산은 새아씨
날마다 날마다
고운 옷 갈아 입어요

어제는 연분홍 치마
오늘은 연두색 저고리

내일은 초록색 두루마기
입을 거래요

산딸기

산딸기는
어머니 젖꼭지

어릴적 빨고 만지던
볼그레한 젖꼭지

한 꼭지 따서
입에 넣으면

그윽히 그리운
어머니 품속

초롱꽃

훤한 대낮
초롱등 밝힌 뜻은

길이 어두워서가 아니라
세상이 어두워서도 아니라

나들이 온
벌과 나비 마중함이지요

민들레

돌밭
논두렁
길섶인들 어떠랴

인연이 닿는 곳에
정들여 살다가

봄바람이 자나가면
톱니손 흔들고

알아주는 이 있으면
노랗게 웃어 주고

밟는 이 있으면
원망없이 밟히고

돌보는 이 없어도
그냥 저냥 살다가

백발이 성성하여
그 모습 초라하면

바람타고 미련없이
어디로든 떠나가네

양지꽃

아지랑이 아물아물
피어오른 봄 언덕에

초록방석 곱게 깔고
양지쪽에 모여 앉아

아롱다롱 마주보며
노랑노랑 웃고 있다

아카시아

산 언덕
아카시아
초록치마에
하얀저고리 입고
향수 짙게 뿌리고
동네 벌떼 불러 모아
해 지는 줄 모르고
흥겹게 놀고 있네

할미꽃

종달새 노래하는
산등성이 풀밭에

꼬부랑 할머니
백발로 서 있더라

지팡이도 짚지 않고
봇짐도 없이

설레설레 머리 흔들며
허리굽혀 서 있더라

봄빛에 눈이 부셔
고개 숙여 서 있더라

초원

풀벌레 모여사는
푸른 초원에

꽃등 달아놓고
잔치를 한다

개미는 부지런히
음식 나르고

찌르레기 찌륵찌륵
노래 부르고

나비는 엉겅퀴 꽃에 앉아
팔랑팔랑 부채춤 춘다

소심

잘 뻗은 잎사이로
귀를 쫑긋 세우고

꼬리치는 강아지처럼
자줏빛 혀를 내어

창백한 낯빛으로
남몰래 웃고 있다

매화

아직 봄이 이른데
어인 일로 이렇게
서둘러 오셨습니까

내사 반가움에
침실로 뫼시고
싶습니다만

꽃샘 추위도
시린 설한도
엿보고 있지 않습니까

물오른 가지에
하얀 화관이
눈부시게 떨리옵니다

어서
낙원을 이루어
봄맞이 합시다

나팔꽃

아침
창가에
한송이 나팔꽃

창너머
하늘 향해
나팔 불어요

불어도
불어도
님은 오지 않고

한나절
불다가
나팔을 접었어요

담쟁이

몰래
담장을 기어오르다
아버지에게 들킨 담쟁이

가슴이 두근두근
발이 덜덜덜

"담벼락엔 무엇하러
올라갔어?"
"담벼락을 예쁘게 꾸미려고요."

아버지는 들었던 호미를 거두고
물을 뿌려 줍니다

수반의 꽃

백합 수선화 튜울립
장미 국화 카네이션

꽃꽃이 꽃들이
한탄하며 울고 있어요

차라리 못생긴
호박꽃이 될 걸

허면 밤에 피는
박꽃이 될 걸

아니면 냄새 고약한
사스레피꽃이 될 걸

울며불며 시들어가도
위로는 커녕

보는 사람마다
예쁘다고만 해요

해바라기꽃

햇님 닮고파
둥근 얼굴하고

햇님하고 놀고 싶어
해만 바라보다가

햇님이 서산에 기울자
고개를 푹 떨구고
까만 눈물 글썽글썽

산나리

산비알에 피인 꽃이
너무도 수려해서

한눈에 반하여
그 앞에 다가서니

점박이 얼굴 붉혀
말없이 웃더라

노란 창포

서슬 퍼런 칼날
삐죽 삐죽 세우고

겁먹은 얼굴
잎사이에 망설이다가

봄바람 지나가며
괜찮다 괜찮다 하는 말에

그제야 마음 놓아
샛노랗게 피어나네

나비의 꿈

예쁜
꽃에 앉아

달콤한
꿀을 빨며

항긋한 향기에
붉게 취해

팔랑팔랑 춤추며
놀고 싶다

꽃샘 추위

저만치 가던 겨울
꽃소식 전해 듣고

새파란 얼굴로
심통을 부린다

갓 피어난 개나리는
발을 동동 구르고

하얀 목련꽃은
시꺼멓게 피멍들었다

아무리 꽃이 예쁘기로서니
저런 시샘을

꽃샘 추위는
냉정한 심술쟁이

정원수

나는 언제까지
이런 모습으로 살아야 하나요

키도 클 수 없고
살도 찔 수 없고

탑 모양으로
짐승 모양으로
공 모양으로

난
이런 모습 정말 싫어요

산에 사는 나무처럼
들에 사는 나무처럼

팔다리 쭉 뻗고
자유롭게 멋대로 자라고 싶어요

금낭화 1

서운암 들꽃 밭
보살님 앉아
등불 들고 서 있다

실가지에 조랑조랑
연등 달고
어둔 세상 밝히고 있다

금낭화 2

서운암 들꽃 밭
새댁들 앉아
낚시하고 있다

낚싯대 주렁주렁
복주머니 매달고
황금을 낚고 있다

벚꽃

이것이야 말로
일제의 침략이다
흰색으로 무장한
천군만마 앞세우고
제주를 함락하고
진해만을 공략한다
꽃구름은 하늘을 뒤덮고
피난 행렬은 꼬리에 꼬리를 물고
터널 속으로 떠밀려간다
시가지는 온통 꽃향기로 무너지고
꽃잎은 폭설되어 내린다
몰래 우회로를 따라 북상한 침략자는
창경궁 뜨락에 몽실몽실 누워
화사한 개화를 꿈꾸고 있을 게다

휘파람새

봄이 오면 그대 창을 향해
휘파람을 불거예요

꾀꼬리보다 더 아름다운 목소리로
휘파람을 불거예요

'호이 호호호, 호이 호호호'
창문 활짝 열어 내 노래 들어줘요

잡초

아무 곳 아무 데
천덕 꾸러기로 앉아
밟히고
뽑히고
잘리고

알아주는 이 없어도
불평하지 않고
욕심내지 않고
시기하지 않고

하늘이 정한대로
낮에는 햇볕 쬐고
밤에는 이슬 먹고
비가 오면 비를 맞고

자연과 더불어
살았으니
아무렴
너는 오래 강하다

장미

봄 가고
여름 오는
길목에 서서

봄을 먹고
열정 도져
붉게 피는 꽃

송이송이
꽃잎 가득
한사코 진한 사랑

시들지 말아요
그 열정
그 사랑

장미와 찔레꽃

줄기도 형제
잎도 형제
열매도 형제
그러나 꽃은 남남

봄 버들

봄바람이 살랑살랑
불어옵니다

겨우내 강가에서
낚시하던 버들가지

치렁치렁 머리카락 휘날리며
그네를 탑니다

강물에 쓰러질 듯
허공으로 날아갈 듯

아기새싹 매달고
그네를 탑니다

붉은 댕기가
아스라이 나풀거리고

버들피리 소리가
아련히 들려옵니다

꽃을 보며 1

꽃은 언제나
하하하
호호호
웃고 있어요

우리도 꽃처럼
생글생글
벙글벙글
웃고 살아요

꽃을 보며 2

컴컴한 땅속
뿌리의 눈물이
저 예쁜 꽃
피웠다

아무도 모르는
잎 줄기 땀방울이
저 아름다운 꽃
피웠다

꽃을 보며 3

꽃은
활짝 피어야
향기가 짙고

사람은
덕을 쌓아야
향기가 높다

꽃을 보며 4

꽃은
향기가 있어야
벌 나비 찾아 오고

사람은
사랑이 있어야
님이 찾아 온다

꽃봉오리

금방 열릴 것 같은
파르르 떠는 입술

금방 뿜어 낼 듯
볼록한 향낭

금방 터질 듯
달아오른 가슴

마음 속엔
고운 꿈 영글고

가슴 속엔
희망이 가득하다

제 2 부

사랑이어라

가을 편지

단풍잎 으깨어 먹갈고
억새꽃 꺾어 붓 만들어

아쉬움 담고
그리움 담아

단풍 고운 오솔길로
너를 보낸다

길을 걷다
들국화 향기 젖은
보랏빛 추억 줍고

언덕 올라
갈바람 새겨 놓은
무지개빛 사연 주워

하이얀 가슴 가득
숨어서 올 기쁨은

설레이는 마음
잠들게 할까

교육자료 별책부록Education Journal(1994년 8월호) 교자문원 1회
추천작이며 시인 김종상 선생님께서 추천하여 주셨습니다

그믐달

그런 눈으로
날 쳐다보지 마
싫어
네 눈빛
너무 날카롭잖아

그런 금가락지로
날 비추지 마
싫어
네 마음
너무 희미하잖아

그런 생각으로
산 위에 서 있지 마
싫어
너무 외로워 보이잖아

그런 걸음으로
날 따라 오지 마
싫어
네 갈 길이
아직 멀었잖아

그런 그리움으로
새벽에 나오지마
싫어
날이 밝으면
헤어져야 하잖아

교육자료 별책부록Education Journal(1994년 9월호) 교자문원 천료작
이며 시인 김종상 선생님께서 추천하여 주셨습니다

은행잎

은행나무 아래
가을바람 시리어
노오란 병아리들이
삐약 삐약
어미닭 품속인 양
모여 들었다

등대 1

해가 서산에 기울고
땅거미가 지면
등대는 강렬한 불빛 언어로
숱한 사연 물 위에 띄우며
황홀한 고백으로
한밤을 지새운다

강풍이 불어도
비바람 몰아쳐도
어둠이 앞을 가려도
오직 한마음
신명 다해
당신만을 지키겠노라고

등대 2

오는 배 가는 배
길 잃을까 걱정되어

바닷가 언덕 위에
하얀 옷 차려 입고

밤이 오면 깜박깜박
안개 끼면 뚜우뚜우

영일만

비내리는 영일만은
바다 아닌 호수 같다

동해의 거친 파도
숨죽여 밀려오고

호미곶 해조음은
번영을 노래한다

영일만의 밤

동해의 거센 물결
두팔 벌려 끌어 안고

용광로 불씨 번져
한가슴 타오른다

바다는 불바다
신음하는 파도여

늦가을

가을이 떠날 채비를 한다
감도 따 놓고
밤도 따 놓고
마당의 낙엽도 쓸어 놓았다

아기새는 이별을 아는지
새벽부터 울고
간밤내린 찬 서리는
서성이는 가을을
서둘러 재촉한다

그림엽서

일렁이는 밤바다에
둥근 달 떠오르면
돛단배 그리고 기러기 그려서
그리운 너에게 실어 보낼까

깊고 깊은 산골짝에
함박눈 쌓이면
꽃사슴 그리고 황금썰매 그려서
보고 싶은 당신에게 태워 보낼까

새해 아침 수평선에
먼동 터오면
해오름 그리고 복주머니 그려서
사랑하는 가족에게 띄워 보낼까

당신

아침 일찍
밥 짓고

밤늦도록
빨래하고

당신은
누구시길래

자비로운
보살이시여

자식 걱정
집안 걱정

자기 아픔
뒤로 하고

당신은
누구시길래

사랑펴는
천사이시여

하늘과 땅

하늘은 땅을 사랑하여
햇볕을 보내고

땅은 하늘을 사모하여
나무를 키운다

서로 좋은 날은
호수에 잠겨 놀고

서로 슬픈 날은
구름에 가리워 운다

하늘과 땅은 영원한 사이
하늘과 땅은 천생배필

사랑입니다

행복할 때
같이 행복하고

슬플 때
같이 슬프고

좋은 밤
같이 잠들면

그것이
사랑입니다

동백꽃

소복히 눈 덮인
푸른잎 사이로
빨갛게 웃는
소박한 열정
아무리 보아도 첫사랑이다

동박새 입맞춘
핏빛 꽃잎 가득
사랑에 아리는
금빛 꽃술은
바라만 보아도 가슴이 뜨겁다

보름달

열닷새 밤하늘에
휘영청 밝은 달아

네 모습 예쁘고
얼굴도 곱다마는

어찌하여 가슴엔
수심이 가득한고

쟈스민꽃

정스친 그날 후로
울렁이던 마음이

보랏빛 순정으로
하얗게 정 들어

그날의 아름다운 사연
향기로 써 보내요

들국화

오솔길 길섶에
가을 햇살 번지면

설레는 눈빛으로
순정 가득 피는 꽃

산골 낭자 연정인기
어찌 저리 고울고

인동초

어느 갯가 어느 돌담
작은 나무 의지하여

엄동설한 서릿바람
주리틀며 인내하고

가시덤불 무등타고
봄을 달린다

뻐꾸기 울음따라
순백의 꽃이 피고

초여름 엷은 볕에
연노랗게 그을려

그윽한 향기를
들녘에 토해 낸다

아! 그 향 흠뻑 마셔
취해본들 어떠리

꽃들의 사랑

꽃들이
사랑을 합니다

보고 싶으면
나비 편에
사랑의 말 전하고

그리우면
향을 뿜어
사랑을 알립니다

꽃들의 사랑은
마음으로 하는 사랑

절절이 애틋하고
순결합니다

이해

그랬었니?

그랬었구나!

미안하다

창가의 호접란

나는 네가
좋아서

창가에
올려 놓고

날마다
바라 보는데

너는
무정하게도

자꾸만
창 너머로

고개
돌리네

낙엽

호젓한 산길에
낙엽 눈이 내렸다
흙길 덮으려고
소복소복 쌓인
갈색 낙엽 눈
그 위를
가만히 가만히
걷고 싶다

나무들 동네에
낙엽 눈이 내렸다
아기 나무 덮으려고
폭신폭신 쌓인
알록달록 낙엽 눈
그 자리에
살며시
누워보고 싶다

목련

이른 봄 그대 뜨락에
목련 한포기 심을래요

물오른 가지마다
하얀 꽃등 켜지면

발걸음 멈추시고
님 보듯 하시어요

풀벌레 소리

또르르
또르르

"누가 핸드폰
켜 놓았지?"

가만히
가만히
풀숲 젖히니

이름모를
풀벌레가

핸드폰
끈다

비누방울

푸우푸우
비누방울 날아간다

나무에 걸리지 말고
지붕에 부딪치지 말고

바람에 날려
어디로 가든 좋다

지평선 너머로
수평선 너머로
하늘 끝까지

재미나는 여행 되길
두 손 모아 빈다

죽섬* 파도

곰실곰실
눈빛 물거품으로 다가와
까만 조약돌을 씻어줍니다

찰랑찰랑
은빛 물방울로 날아와
갈매기 옷소매를 적시어 줍니다

철썩철썩
성이 나면
모래성도 허물고
곰보바위도 할퀴고 갑니다

둥실둥실
신이나면
오는 배 부여잡고
하얀 춤을 춥니다

*죽섬 : 해운대구 송정 앞바다에 있는 작은섬

산으로 오십시오

진달래가 화사한
산으로 오십시오
해맑은 웃음 선사하리다

산새들이 노래하는
산으로 오십시오
아름다운 교향곡 들려 드리리다

구름이 쉬어 넘는
산으로 오십시오
세상이 넓음을 보여 드리리다

영원한 그리움

상사화는
잎지고 꽃피고

목련은
잎 그리다 꽃지고

꽃무릇은
꽃 그리다 잎지고

나의 핸드폰

하루 종일
울리지 않는

외로운
나의 핸드폰

음성 사서함
정보 없음

문자 사서함
편지 없음

부재중
수신 번호 없음

님아
잊었는가

오오사에
일육육공

당신의 눈물

어깨를 들석이며
손등으로 훔친 눈물

내 가슴속 깊이
젖어들어

폭포 되어
아프게 흐르네

아내의 편지

그리워요
보고파요
행복해요
사랑해요

읽고
또 읽고
다시 읽어도
이 세상 가장 아름다운 서정시

사랑을 위하여

달도 따주고
별도 따주고

꿈도 주고
희망도 주고

웃음도 주고
기쁨도 주고

마음도 주고
정도 주고

사랑을 위하여
내 모든 것
다 주고 싶다

제3부

바람소리 물소리

폭포

비단결 흰 물줄기
절구 되어 방아 찧고
푸른 물 부서져
물보라 친다

마파람 선들선들
무지개 다리 놓고
선녀의 치맛자락
하늘로 오르는가

사랑은 가고
슬픔만 남아
이끼 푸른 천년 절벽
한없이 울린다

교육자료 별책부록Education Journal(1994년 9월호) 교자문원 2회 추천작이며 시인 김종상 선생님께서 추천하여 주셨습니다

참새

아침
참새들이
전기 줄에
한줄로 앉아
짹 짹 짹...
번호를 붙이며
점호 받고 있다

별나라 아이들

알고 보니
내가 별나라에 사는 걸
깜빡했네

아마
별나라 아이들도
자기 사는 곳이 별나라인 걸
깜빡하고 있을 거야

별 하나 나 하나
별 둘 나 둘

별나라에 살면서 별을 헤이며
별을 그리워하는 아이들

바람아 구름아

바람은 동동
구름을 싣고

구름은 동동
하늘을 싣고

바람아 구름아
나도 좀 태워 주렴

연

바람이 불어요
줄을 풀어 주세요
여기까지 올라와도
산너머 안보여요
더 높이 올라가서
백두산 천지 볼거예요

바람이 불어요
줄을 놓아 주세요
이곳까지 올라와도
호수가 안보여요
더 멀리 날아가서
백록담 볼거예요

지구와 달

지구가 밤에
연을 날린다

초사흗날 저녁에는
가녀린 눈썹 연을

이렛날 저녁에는
송편 같은 반달 연을

열닷샛날 저녁에는
어여쁜 둥근 연을

지구가 밤에
연줄 없이 연을 날린다

헛소리

산꿩은 숲속을
자기 집이라 외치고

황소는 넓은 들판을
자기 동네라 큰 소리치고

갈매기는 독도를
자기 땅이라 우긴다

바위

냇물이 껴안아도
눈 한번 꿈쩍 않고

바람이 간지러도
웃음 한번 웃지 않고

빗물이 씻겨줘도
인사 한마디 없으니

묵묵부답 저 바위
그 누구가 맘 돌릴까

오동도

이름만 들어도
장난감 같은 작은 섬

돛을 달면 떠나갈 듯
물위에 동동 떠 있는 섬

먼동이 터오면 똑딱선이
휘돌아 새 아침 열고

저녁이면 달빛 요요한 숲길로
용녀가 장구치며 나올 것만 같은

동백꽃이 곱게 핀
오동도가 아름답다

단소

따뜻한 입김으로
나의 입 열어주오

그대 입술 아니면
나는 벙어리인걸

아름다운 목소리로
노래하고 싶어요

시계

시계는 같은 소리로
똑딱 똑딱 똑딱

시계는 같은 걸음으로
쿽 쿽 쿽

시계는 같은 길을
터벅 터벅 터벅

시계는 언제나
같은 일을 하며

한시 두시 세시…
시간을 일러 줘요

선생님은 자석

우리 선생님 마음
난 몰라
못해도 잘했어
잘해도 잘했어

우리 선생님 말씀
언제나 긴가 민가 해
칭찬의 말씀인지
나무라는 말씀인지

우리 선생님 표정
항상 아리송해
쬐끔 좋아하시는 건지
많이 좋아하시는 건지

자꾸 선생님 쪽으로
마음이 끌린다

주남 저수지

오리들이
소풍 왔습니다
엄마 오리가 앞장서서
이리저리 살피며
헤엄쳐 갑니다
"사람 조심"
"덫 조심"
"먹이 조심"
"철조망 조심"
"깨진 유리병 조심"
주남 저수지는
철새들의 위험한
소풍 장소입니다

냇물

냇물이
장애물 달리기를 합니다

바위에 부딪치면
빙글빙글 돌고

절벽에 이르면
구르고 뒹굴고

비탈을 만나면
전속력으로 달리고

웅덩이에 빠지면
점프를 하고

호수에 갇히면
넘쳐서 흐릅니다

나무들의 놀이

나무들이
놀이를 해요

봄에는 쑥쑥
키 재기 놀이

여름에는 흔들흔들
어깨동무 놀이

가을에는 포르르
낙엽 날리기 놀이

겨울에는 소복소복
눈 받기 놀이

나무들도 재미있게
놀이를 해요

조회 시간

운동장에
꼬마 별들이

반짝반짝
보석처럼 빛난다

저별은 샛별
요별은 장군별

저별은 붉은 별
요별은 푸른 별

저마다 저마다
눈빛이 다르고

저마다 저마다
낯빛이 다르다

남들은 다 알아요

꽃님은 모르실 거야
자기가 얼마나 예쁜지

별님도 모르실 거야
자기가 얼마나 반짝이는지

하늘님도 모르실 거야
자기가 얼마나 높고 푸른지

나도 몰라요
내가 얼마나 착한지

스스로는 모르지만
남들은 다 알아요

과일 가게

제주에서 온 밀감
대구에서 온 사과
나주에서 온 배
진영에서 온 단감
외국에서 온 바나나
끼리끼리 모여 앉아
고향 자랑 맛 자랑 하네

금문교

넘실대는 푸른물에
두다리 쭉 뻗고

양팔 굳게 벌려
남태평양 노려보며

두툼한 큰 입으로
거센 바람 토해낸다

저 언덕 두 젖가슴
전설이 어우르고

배꼽티 금발머리
야단스레 지나가도

세계 제일의 수문장인가
그 모습 당당하다

부산 타워를 보면

용두산 부산타워를 보면
뱃고동 소리 가슴 설레이고
떠나는 열차 기적 소리 마음 찡하다

용두산 부산타워를 보면
자갈치 시장 비릿한 생선 내음 코를 찌르고
왁자지껄 경상도 아지매 목소리 귀에 정겹다

용두산 부산타워를 보면
광복동 밤거리 추억으로 다가오고
국제시장 인파 눈에 붐빈다

용두산 부산타워를 보면
아! 여기는 부산
오륙도 해운대 동백섬은 어디쯤인고

종

아무리 울고 싶어도
스스로는 못 울어

종채에 마음 실어
빈 가슴 때리면

맑은 소리 여운지어
그 마음 퍼져가네

몽돌

용궁사 대웅전앞
바닷가 자갈밭

동자중 앉아서
고행을 하고 있다

깨달음 얻고서
부처가 되려는지

바닷물에 몸 담그고
파도에 마음 씻으며

오랜 세월 한결같이
수행을 하고 있다

강물

강물은 욕심이 없어요
앞 다투지 않고
양보하며 흘러요

강물은 생각이 깊어요
물새들이 조잘조잘해도
머리만 끄덕끄덕이며 흘러요

강물은 겸손해요
넘치지 않고 조용조용
몸을 낮춰 흘러요

달 1

매일 밤
조금씩 조금씩
옷을 벗다가
보름날 밤 알몸이 되었네

매일 밤
조금씩 조금씩
옷을 입다가
그믐날 밤 몸을 다 감췄네

달 2

구만리 장천
외로이 뜬 달

고운님 그리울 땐
달무리 그려 놓고

고요히 고요히
허공에 홀로

어두운 밤하늘
유난히 밝히며

하염없이 외길 가는
고독한 나그네

심우정의 저녁

행인은 많아도
길벗은 오지 않고

폭포 소리 벗삼아
난간 기대 마음 풀제

달빛 벗님 되어
숲사이로 비추네

6월

붉은 장미
가슴에 달고
초록 깃발
바람에 날리며
정든 고향집
찾아오듯 온다

봄잠 자던
영혼들은
벌떡 일어나
발아춤 추며
안개 속으로
쓰러지고

먼길 가는
찬란한 태양은
구름을 헤치며

장맛비 속을 뚫고
바람에 구름 가듯
건들건들 웃으며 간다

팔손이

넓적한 손바닥엔
손가락이 여덟개

하늘 향해 손을 펴고
반갑게 인사하며

사방 팔방 손 내밀어
악수를 하자 해요

한 순간

꽃이 아름다움도
한순간

꽃이 지는 것도
한순간

사랑도

행복도

우리 인생도

황혼이 올 때
한시용 시선집

제 4 부

장산의 메아리

장산

태백산 뻗어내려
장엄하게 우뚝 솟아

태평양 건너려다
동백섬 만들고

고운 모래 건져 올려
해운대 백사장 깔았다

옥녀봉 촛대바위
수영만 굽어보고

억새밭 새소리
하루 종일 즐겁구나

장산아 야호
해운대 사랑 영원하리

가을날의 대천공원

햇님이 서산에
뉘엿뉘엿 기우는데

양지쪽에 혼자 앉아
햇살 당기는 저 할머니

우수수 지는 낙엽
하염없이 바라보며

허연 머리로
가는 세월 훔친다

장산마을

도심 떠난 장산마을
저녁연기 피어 오르고
멍멍개 짖는 소리
마음의 고향이다

외딴집 닭이 울어
산꿩이 대답 할 때
산그림자 잰걸음으로
산마을로 내려온다

구곡산

장산과 구곡산은
한 뿌리 이웃 사촌

나란히 앉아서
바다를 즐기다가

구곡산 정상올라
경관에 탄성하면

장산은 웃으면서
맞장구 치다말고

어느새 뒤 돌아앉아
마른배 아파하지

동백섬에 가면

동백섬에 가면
동백꽃만 보지 마라
넓고 푸른 바다도 있다

동백섬에 가면
동박새 소리만 듣지 마라
슬피우는 물새 소리도 있다

동백섬에 가면
동백 숲길만 걷지 마라
파도치는 둘렛길도 있다

동백섬에 가면
수평선만 바라보지 마라
동백섬이 떠내려간다

해운대 아가씨

결고운 스카프 목에 두르고
긴머리 휘날리며
해변을 걷는 멋쟁이 아가씨
눈은 금모래알로 빛나고
가슴은 파도처럼 출렁인다

주름진 원피스 해풍에 펄럭이며
파도가 철석이는
동백섬을 걷는 해운대 아가씨
입술은 연정으로 붉고
얼굴은 동백꽃처럼 예쁘다

양운폭포

엊저녁 달 밝은 밤
선녀들이
가마소 맑은 물에
비단옷 한 벌
곱게 헹구어
기암절벽에
펼쳐 널어 놓았다

이른 새벽
마고당 할머니가
가마소로 날려보낸
흰 두루마기 한 벌
층층 절벽에 걸려
펄럭이고 있다

마고당 앞에서

돌담을 둘러 싸인
조그만 성안에

기와집 한 채
신을 모셨다

높은 재단 위
정화수 떠 놓고

지나가는 사람마다
두 손을 모은다

우리 모두 건강하고
부자 되게 하소서

해운대 겨울

찬바람 불어오는
해운대 노천 족탕
함박눈이 내려와
하얀 발을 담근다
아! 눈이 온다
반가움의 탄성
아이들과 어른들
동심으로 하나되고
수평선 저 멀리
연을 날린다
새해 맞이 북극곰들
바다로 뛰어 들고
정월보름 달맞이하며
달집 태워 소원빈다

선유도

바다는 잔잔하여
강물 되어 흐르고
명사십리 모래톱에
파도가 밀려온다
장자도여 노래하라
무녀도야 춤추어라
배 떠난 선착장엔
물새가 운다

바다는 호수 같고
유람선은 오락가락
왕녀봉 앞 갯벌에
참게가 꿈을 꾼다
망주봉아 소리쳐라
선유봉아 일어서라
새만금 방조제에
태양이 떠오른다

등나무 1

울창한 범어사 숲길
터벅터벅 오르는데

전설속의 능구렁이
혀를 널름 거리며

나무를 칭칭 감고
꿈틀 꿈틀 늠실댄다

깜짝 놀라
발길을 멈추니

보랏빛 등나무꽃이
뚝 떨어진다

등나무 2

염불소리 흐르는
범어사 불도량

태고의 등나무
무리지어 살면서

오월이면 작신한 듯
구름 같은 꽃을 피워

불자의 마음으로
꽃공양 올린다

등나무 3

남을 의지해야
설 수 있는 가엾은 나무

쉼터 기둥 옆에
고이 심어 올렸더니

푸른숲 만들어
주렁주렁 꽃을 피워

사람들은 쉬어 가고
너 좋고 나 좋다

등나무 4

남의 멱살 꽉 잡고
다리 몸통 칭칭 감아

죽든 살든 처절하게
머리 위에 올라 앉아

꽃피우고 열매 맺어
소리 높여 만세 부른다

등나무 5

대나무는 꼿꼿하여
선비 대접

등나무는 기며 살아
하인 취급

대나무는 울안에서
사랑 받고

등나무는 대문 밖
가련한 신세

이제는 세상이
뒤바뀌어

등나무가 울안에서
사랑을 더 많이 받는다

공원에서 어떤 기도

지팡이 짚고 가는
저 꼬부랑 할머니
허리 펴게 하여 주시옵소서

절뚝절뚝
저 비둘기
다릿병 고쳐주시옵소서

길바닥에 엎드려서
구걸하는 저 아저씨
일어나서 걷게하여 주시옵소서

장애아들 손잡고
산책 나온 할아버지
간절한 소원 들어 주시옵소서

가마소

부잣집 가마솥
많이 모아 넉넉하고

퍼주며 나누며
정이 가득 넘친다

푸른물 속이 깊어
보자하니 눈시리어

그 옛날 멱감던 선녀들
물 위에 어른거리네

맥문동

내 눈에는 네가
난으로 보인다

늘 푸른 잎하며
올 곧은 곡선하며

숨은 볕 반아머고
그늘 아래 사는 것도

향기는 없어도
애교는 흘러 넘쳐

뜨거운 열정으로
포기마다 꽃대 올려

보랏빛 눈 웃음으로
뭇 나비를 놀린다

가을나비

늦가을 꽃밭에서
춤을 추는 나비야
찬바람 불어오고
함박눈 내리며는
네 갈 곳 어디메뇨
겨울 나기 준비하렴

내 집은 꽃속이고
먹을 음식 꽃밭 있고
단풍 고운 가을인데
춤을 추며 놀거예요
화려한 옷도 있어
걱정이 없어요

찬서리가 내리고
꽃들은 시들어

날개로 몸을 덮어
덜덜 떠는 가을 나비
이제야 후회한들
누가 너를 감싸주리

꽃 박람회장에서

꽃길을 걸으며
꽃물에 젖어서
꽃향기에 취해서
꽃웃음에 겨워서
꽃속에 주저앉아
나비가 되어서

꽃마중 받으면서
꽃들과 얘기하며
꽃님과 마주서서
꽃노래 부르며
꽃장미 사연듣고
눈물을 흘리며

탈

지면에 탈 쓴 이들
너무도 많이 본다

동물의 탈 쓴 사람
사람의 탈 쓴 동물

작금의 내가 쓴 탈
나는 어떤 모습일까

명경에 비춰보고
참 나를 찾아보자

태양

뜨고 지고
지고 뜨고

낮 만들고
밤 만들고

높이 높이
번쩍번쩍

싱글벙글
웃으면서

열정으로
열심히 사는

영광의
붉은 태양

연평해전의 비극

무엇이 모자라서
당하고만 있는 건가
사기 높은 대군 있고
오천만 국민 있고
애국의 원혼 앞에서
땅을 치는 국민 분노

치욕의 붉은 만행
두고만 볼 것인가
용기가 없습니까
나라 힘이 약합니까
떠나는 꽃송이 앞에서
통곡하는 국민 눈물

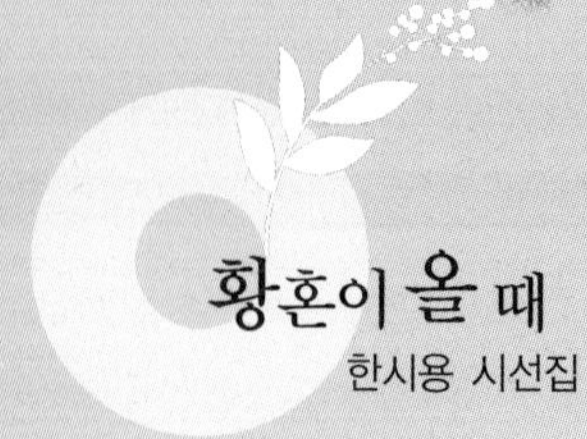
황혼이 올 때
한시용 시선집

제5부

황혼이 올 때

황혼이 올 때

서녘 하늘 불그레 꽃 핀 구름은
곱디고운 소녀의 미소인가요

서녘 하늘 가지런히 걸린 노을은
소녀가 흔들다 둔 수건인가요

미움도 사랑으로 기우는 시간
어엿한 그리움 감싸오는데

하루가 아쉬운 서산마루엔
아련히 스미는 밤이 앉는다

교육자료 (1966년 10월호) 교자문원 2회 추천작이며
미당 서정주 선생님께서 추천하여 주셨습니다

황새

흰 두루마기 입고
뒷짐 지고
들판에 서서
푸른 논밭 빙 둘러본다

먹구름이 다가오고
천둥번개 야단 쳐도
성큼성큼 걸어가는
푸른 들판의 어진 선비여라

호미

일하려고
태어난 몸이어요

콩밭 매고
보리밭 매고

감자 캐고
고구마 캐고

하루종일 일해야
신이 나지요

비가 와서
쉬는 날엔

녹슬고
병 나거든요

손발 다 닳도록
일 시켜 주시어요

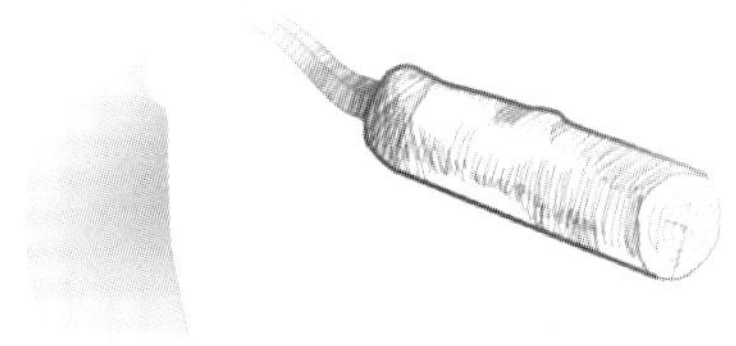

닭

날개가 있어도
하늘을 날지 않고

발이 있어도
달아날 줄 모르고

전생에 무슨 업으로
울에 갇혀 살다가

결국은 희생양으로
밥상위에 오르네

함박눈

영하의 날씨에
백설 공주로 태어나

매서운 바람타고
나풀 나풀 춤을 추다가

따스한 햇님 사랑에
마음이 녹아 내려

한방울 눈물로
돌아섭니다

비야 오너라

메마른
저수지에
비야 오너라

거북등
논바닥에
비야 오너라

목타는
콩밭에
비야 오너라

하늘만 쳐다보는
아버지 가슴에
비야 오너라

더운 날

붉은 태양은
머리 위에 이글거리고

매미는 목청 돋워
짜증스레 우는데

바람은 나뭇가지 끝에
곤히 잠들었다

먹구름은 수평선에
뒷짐 진채 앉아 있고

삽사리는 더위 먹어
헉헉거리며 졸고 있다

할머니

간밤 할머니께서
잠자리에 누우시며

"비가 오려나
아이고
팔다리가 쑤신다."

아침 일어나 보니
주룩주룩 비가 내린다

비 오는 날은
할머니가 걱정된다

어머니

철이 들수록
생각나고

나이 먹을수록
보고 싶고

세월이 흐를수록
그리운 어머니

허수아비

논 밭 한가운데
구멍난 밀짚모자 쓰고
누더기 헌옷 입고
한마디 불평없이
몇 날 며칠
먼 산만 쳐다봅니다

주인님 앞을 지나가도
새떼가 곡식을 훔쳐 먹어도
모른 척 못 본 척
마음 좋은 아저씨처럼
아무말 없이
먼 하늘만 쳐다봅니다

김 매던 날

하루종일 조밭에 앉아
김을 매다가
나는 은근히
비구름 기다리는데
아버지는 휘파람 불며
시원한 바람 부르고

하루종일 뙤약볕에 앉아
김을 매다가
나는 지는 해 바라보며
반가워하는데
아버지는 지는 해 바라보며
아쉬워하고

알사탕

이웃 학교 운동회 날
동전 백원 받고

알사탕 다섯 개 사서
두 개는 먹고
세 개는 호주머니에 넣어

돌아오는 길
알사탕 만질 때마다
아빠 엄마 동생 얼굴이 떠오른다

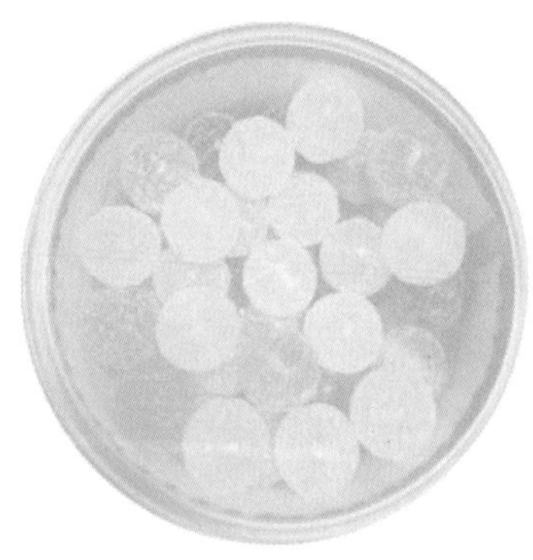

이여도* 사나 씩

구제기(소라) 하나 잡아 놓고
전복 하나 터(떼어) 놓고
이만하면 넉넉허다
이여도 사나 씩
이여도 사나 씩

서귀포 보목리 해녀들이 먼 바다로 헤엄쳐가며
흥얼거리던 노래말을 되살리려 적었습니다
*이여도 : 제주도 남쪽 바다에 있을 것으로 생각하는 환상의 섬
여 : 밀물때 물에 잠기고 썰물때 드러나는 바위섬

꿩

꿩꿩 장끼
어디어디 숨었나
콩밭에 숨었지

꿩꿩 장끼
무얼 먹고 사나
콩 먹고 살지

꿩꿩 장끼
무얼하고 있나
까투리 찾아 다니지

꿩꿩 까투리
어디어디 숨었나
보리밭에 숨었지

꿩꿩 까투리
무얼 먹고 사나
보리 먹고 살지

꿩꿩 까투리
무얼 하고 있나
알 낳고 있지

약주

언제나
말씀이 적으신
우리 아버지

약주 드신 날은
말도 많으시고
기분이 좋으시다

나도 술을 마시면
기분이 좋을까

아버지께서 드시다 남은 술
한 모금 꼴깍

하늘이 빙빙
얼굴이 화끈화끈

술은 어른이 마셔야
기분이 좋은가 봐

어머님의 기도

어마 넋들라 (놀라지 마라)
어마 넋들라 (놀라지 마라)

할망손지 저들게 마랑 (할머니 손자 아프지 않게)
단잠 자게 하여 줍서 (단잠 자도록 하여주세요)

저 오름에 안개 걷히듯 (저 산에 안개 걷히듯)
저 바당에 놀 자듯 (저 바다에 파도가 잦아들듯)

구진거 몬딱 거둬강 (나쁜 것 모두 거두어서)
단잠 자게 하여줍서 (잠을 잘 자게 하여 주세요)

할망손지 (할머니 손자)
ᄒᆞ다 저들게 마랑 (조금도 괴로워하지 않게)
단잠 자게 하여줍서 (잠을 잘 자게 하여 주세요)

머리맡에 앉아서 머리를 쓰다듬으며 병을 낫게 해달라고 믿는 신에게 기도하시던 어머님의 기도문입니다.

고향 1

태평양 바라보며
꿈이 영글던 곳

보릿단을 등짐으로
고구마를 망태기로
땔감을 지게로
힘겹게 나르던 곳

보말(조개) 잡고
고기 낚고
나물 캐며
먹고 자란 곳

뱃고동 소리만 들어도
어서 빨리 달려가고 싶은 곳

고향 2

삼간 초가에
호롱불 밝히고
오손도손 모여 살던 곳

꽁보리밥 한 낭푼이 퍼놓고
여덟 식구가 모여 앉아
조반 먹던 곳

돌담 어귀 의지하여
우는 동생 등에 업고
밭일 간 어머님 총총 기다리던 곳

저녁놀만 쳐다봐도
초생달만 바라봐도
한걸음에 달려가고 싶은 곳

제주의 봄

삼백리 해변따라
유채꽃 띠 두르고

진달래 타는 오름
조랑말 봄을 뜯네

한라봉 잔설은
언제쯤 녹으려나

숲섬*

서귀포 보목리
마주 앉은 작은섬
사사사철 푸른 파도
넘실거리고
넓고사리 자라는
아름답고 따뜻한 섬

펜촉같은 문필봉
문인들 길러내고
우거진 볼레낭(보리수)숲
새들의 보금자리
섬뿌리 암초엔
자리돔떼 한가롭다

***숲섬** : 보목리 앞바다에 위치한 무인도. 섭섬이라고도 부르며 경치가 아름답고 따뜻해서 열대 식물인 넓고사리(오단이와다리)가 자라며 숲이 울창하고 새들이 많이 서식함

지귀섬*

수평선 가까이
새파란 눈썹 긋고

태평양 파도에
밀려갈 듯 잠길 듯

전복따던 숨비소리*
언제다시 들어볼고

*지귀섬 : 보목리 사람들은 이 섬을 지꾸섬이라 부르며 해녀들이 통통배에 실려가서 전복 소라를 잡던 위미리 앞바다의 나지막한 무인도
*숨비소리 : 해녀들이 바닷물속에서 작업하고 물밖으로 나와 길게 내뿜는 휘파람소리

안개

어디서 왔는지
슬그머니 몰려와
앞을 가리고
휩싸고 돕니다
이렇게 적막할 수가
이렇게 답답할 수가
이렇게 외로울 수가
나그네는 발길 멈추고
길손은 어둠을 헤매입니다
태양이 있어도
한치 앞을 볼 수 없는
잿빛 세상입니다

부처님 앞에 서면

부처님 앞에
향 올리고
삼배하고
합장하고
옷깃 여미면

면전 가득
거룩한 미소가
잔잔히 흐르고
마음 헤아리시는 듯
어리석음 용서하시는 듯

불안이 사라지고
마음이 평안하다

고추의 일생

앞 마당에
고추씨를 심었습니다

며칠 후 싹이 트고
무럭무럭 자랐습니다

잎이 무성하고
하얀 꽃이 피었습니다

주렁주렁 고추가 달리고
익었습니다

할머니 손에 붙잡혀
어머니 손에 이끌려

빨간 고추들이
대차반에 모였습니다

고추들은 가을 햇볕에
쪼골쪼골 늙어가며

살아온 이야기를
오손도손 나눕니다

가는정 오는정

파도가 말 합니다
“바위야!
매일매일
네 발
깨끗이
씻어줄게”

갯바위가 화답합니다
“파도야!
매일 매일
철썩 철썩
내몸 때리면서
노래하고 춤추어라.”

바위야!
파도야!

회고

옷 다 벗고라도
한길을 걸어서
그 곳까지
되돌아갈 수 있다면
얼마나 좋을까

나의 마음

책상 앞에 앉았더니
아래목에 앉고 싶고

아랫목에 앉았더니
방바닥에 눕고 싶고

방바닥에 누웠더니
베개가 베고 싶고

베개를 베었더니
이불을 덮고 싶고

이불을 덮었더니
잠들고 싶어지네

눈이 내리던 날

눈이 내리던 날
나는 울었지
스케이트가 없어서

눈이 내리던 날
나는 졸랐지
스케이트 사달라고

눈이 내리던 날
나는 웃었지
스케이트를 안고서

눈 내리는 아침

함박눈이 펄펄 내리는 아침
손이 시려도
발이 시려도
하얀 눈길
무작정 걷고 싶다

싸락눈이 사락사락 뿌리는 아침
볼이 얼어도
귀가 얼어도
하얀 눈밭
마냥 뒹굴고 싶다

눈보라가 세차게 휘몰아치는 아침
콧물 줄줄
기침 콜록콜록
그래도 하얀 눈위
썰매로 달리고 싶다

눈 오는 날

먼산으로 달려가는
사슴에 새겨진
점박이들이
바람에 흩날린다
야! 눈이다
신나는 외침
꽃잎으로
솜털로
깃털로
덮인 하얀 세상
아이들의 웃음소리에
세상이 아름답다

태풍

하늘의 노여움인가
바다의 분노인가

바닷속 파헤치고
제주 돌담 밀쳐 놓고

먹구름 앞세워
장대비 꽂는다

단숨에 회오리로
우산도 날아가고

놀던 산새들은
무풍지대 찾았는가

산천초목 무릎 꿇고
안절부절 버틴다

해일은 높이 솟아
그 위력 뽐내고

강풍은 열광하며
무차별 맹폭하다가

상처만 감기고
아픔만 주고

별수없이 사그러지는
여름 · 가을의 불청객

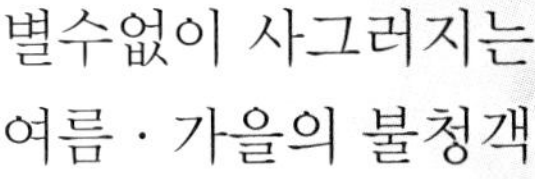

갈매기

꽃피는 산을 두고
푸른물 강을 두고
넓은 바다 좋아서
바닷가에 산다네

바닷물에 발담그고
파도에 헤엄치며
갯내움이 좋아서
갯가에 산다네

뜨는해 아름답고
바닷바람 시원하고
파도소리 정겨워서
바다에 산다네

올레 1

나의 어린시절
올레는 아이들의 놀이터
소꿉놀이 구슬치기
시끌벅적 하였다

올레가 있었기에
이웃과 소통하고
기쁨도 나누고
슬픔도 나누었다

둘렛길 갈맷길도
올레길로 이어져서
모두가 하나 되고
행복한 세상 되었으면

올레 2

갈매기 우는 바닷길
들려오는 파도 소리
오름 둘레 숲속길
휘파람새 고운노래
골목길 굽이굽이
밀감향기 풍겨오는
저길 따라 정든님
그리움에 가슴 조이며
나를 찾아 오시려나
노을에 붉게 젖어

물새가 우는 해변길
해녀들의 숨비소리
고갯마루 억새밭
뛰어노는 망아지들
돌담길 구불구불
유채꽃 향기풀어
저 길따라 고운님
그리움에 마음 태우며
나를 찾아 오시려나
달 뜨면 달빛 안고

솔바람 소리

장산 솔숲
가만히 귀 기울이면
휘파람 소리가 들린다

그 옛날
멀구슬나무 아래 앉아
휘 휘 불던

가녀린
아버지
휘파람 소리

나그네 설움
번지 없는 주막
즐겨 부르시던 아버지

하늘나라
어느 곳에 앉아
휘파람을 날리시나

대학나무*

대학공부 시키려고
애지중지 밀감나무

농약치고 거름주어
한평생 잘 키워서

아들 딸 대학공부
손자 손녀 대학공부

세월이 많이 흘러
부모님은 노인대학

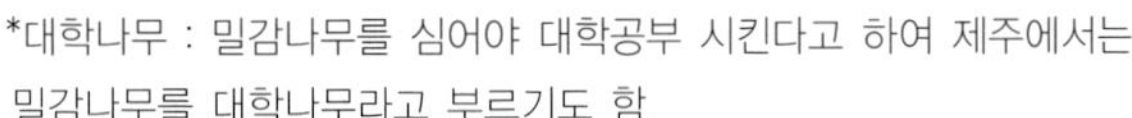

*대학나무 : 밀감나무를 심어야 대학공부 시킨다고 하여 제주에서는 밀감나무를 대학나무라고 부르기도 함.

손자의 동영상

손자가 보고싶어
동영상을 열어본다

귀여운 새실거림
천진한 손짓 몸짓

내 눈 속에 한 순간도
놓치고 싶지 않은

요놈은 나의 희망
무럭무럭 자라거라

별아 내 가슴에

별아
내 품에 안기렴
빛나는 세상 살고 싶다

별아
내 가슴에 숨어라
스타 되어 노래하고 춤추고 싶다

별아
내 어깨에 달려라
장군되어 이 나라를 지킬게

치과에 가면

아
아
입을 크게

아
아
숨은 코로

아
아
할아버지도

아
아
할머니도

아
아
모두 아가야

어머님과 마지막 커피 한 잔

오래도록 병석에 누워
웃음을 잃은 어머니
웃는 얼굴 보고싶어
기분 좋은 말씀드렸다

"상용이가 박사 되었습니다!"
"박사가 무엇이냐?"
"아주 훌륭한 사람요"
"오래 살다 보니까!…"

부축 받아 앉으시더니
커피를 달라고 하신다
커피 한 잔 단숨에 들이킨다
커피 한 잔 마셔야 힘이 나신다던…

나도 돌아서서
눈물로 따라 마셨다
무슨 말씀을 하시려는 듯
나를 물끄러미 바라보신다

그 날밤 중환자실로
옮겨가신 어머님!
모든 짐을 내려놓으시고
저 세상으로 훌훌 떠나가셨다

동창생

언제 만나도
반가운 사람

잘나도
못나도

젊어도
늙었어도

그 시절
그날처럼

함께하면
좋은 사람

멀리서 웃으며
반갑게 손짓한다

퇴임 환송 여행의 밤

거제도 펜션에
여장을 풀었던 밤

파도 소리 품어 안고
달빛을 당겨 덮고

사십년 푸른 시절
먼 하늘에 별입니다

저 멀리 들려오는
마침 종소리

떠들썩한 개구쟁이들
운동장으로 달려나와

반갑게 인사하며
하나 둘 품에 안긴다

풀꽃

남몰래 피는 꽃이
너무도 사랑스러워
순진한 눈빛
해맑은 웃음
정겨운 연인처럼
풋풋한 향기
내마음 흔든다

남몰래 피는 꽃이
너무도 눈물겨워
청초한 눈빛
우수에 젖은 표정
못 다 한 사랑처럼
잔잔한 그리움
내 마음 사로잡는다

금붕어

좁은 어항 물속에도
세월은 흘러 흘러

손톱만한 너의 몸집
한 치 가량 자랐구나

넓은 세상 잊고 사는 삶
연민의 정 어찌하오리

주례시

진정으로 사랑하고
너무너무 사랑해도
서로의 인생
대신 살 순 없어
하늘이 맺어 준 인연
격려하고 위로하며
이 세상 끝까지
행복하게 살아야 해

진정으로 좋아하고
너무너무 좋아해도
서로의 인생
대신 살 순 없어
신께서 정해준 인연
감내하고 감사하며
마지막 순간까지
알뜰살뜰 살아야해

가을 편지 답장을 기다리며

입춘날
냉정한 말씀
연극이었습니까

우수일
싸늘한 표정
거짓이었습니까

겨우내
꽁꽁 얼었던 마음
이제 다 풀리셨습니까

진달래가 피고
새소리가 즐겁습니다

아지랑이 아물거리고
바람이 살랑살랑
한결 부드럽습니다

창문 열면 누군가가
다정한 목소리로
속삭일 것만 같습니다

이런 화창한 봄날
가을 편지 답장
받고 싶습니다

사랑 담고
추억 담고
그리움 담은
가을 편지 답장을

| 연보 |

한시용 시인 연보

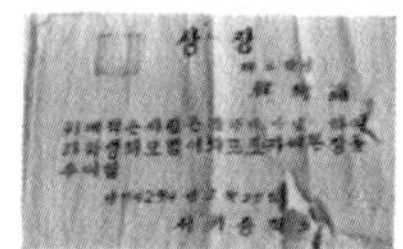

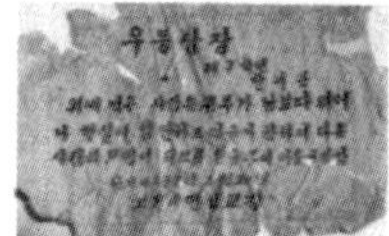

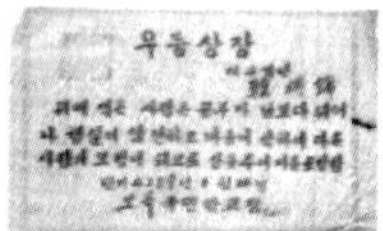

출생 및 가족

❖ 1945년 5월 14일(음력)
청주 한씨 33세 아버지 재문공과 어머니 연주 현씨 을생
장남으로 제주 서귀읍 보목리에서 출생

❖ 1976년 2월 9일
성주 이씨 상수공의 장녀 회영과 결혼
(당시 경남 밀양시 수산국민학교 교사)

❖ 1976년 11월 16일
장남 정민 출생

❖ 1980년 1월 26일
차남 정화 출생

❖ 2011년 5월 22일
차남 정화 밀양 박씨 부돌 처사님의 차녀 혜경과 결혼

❖ 2015년 4월 6일
손자 유준 출생

❖ 2016년 10월 28일
손녀 채원 출생

❖ 2020년 10월 28일
장남 경기도 광주 이씨 명재 처사님의 장녀
주하와 결혼

❖ 2023년 8월 25일
손녀 서원 출생

학력 및 경력

❖ 1952년 3월 1일~1958년 2월 28일
보목국민학교 수학

❖ 1958년 3월 1일~1961년 2월 28일
서귀중학교 수학

❖ 1961년 3월 1일~1964년 2월 28일
제주사범학교 수학

❖ 1963년 12월 31일
무시험검정 국민학교 2급 정교사 자격 취득

❖ 1964년 5월 1일~1991년 8월 31일

경남 이남국민학교 교사
진북국민학교 교사
일동국민학교 교사
우암국민학교 교사
산내국민학교 교사
동광국민학교 교사

부산 삼광국민학교 교사
덕성국민학교 교사
화명국민학교 교사

❖ 1973년 3월 2일~1975년 2월 28일
한국방송통신대학 수학

❖ 1990년 8월 27일
국민학교 교감 자격 취득

❖ 1991년 9월 1일~1993년 8월 31일
부산 안남국민학교 교감

❖ 1993년 9월 1일~1994년 8월 31일
부산 연신초등학교 교감

❖ 1994년 9월 1일~1998년 8월 31일
부산광역시 교육청 장학사

❖ 1997년 8월 26일
초등학교 교장 자격 취득

❖ 1998년 9월 1일~1999년 8월 31일
정관초등학교 교장 역임

❖ 1999년 9월 1일~2002년 2월 28일
반여초등학교 교장 역임

❖ 2002년 3월 1일~2003년 8월 31일
부산광역시 교육과학연구원 교육연구부장

❖ 2002년 8월 21일
교감자격연수(생활지도) 강연 출강

❖ 2003년 3월 1일
우리들은 1학년 편찬 연구위원

❖ 2003년 3월 1일
사회과 탐구 부산의 생활(4-1) 편찬 연구위원

❖ 2003년 8월 22일
교감자격연수(연구학교운영) 강연 출강

❖ 2003년 9월 1일~2005년 2월 29일
광일초등학교 교장 역임

❖ 2005년 3월 1일~2007년 8월 31일
과정초등학교 교장 역임

❖ 2007년 8월 31일
정년퇴임

수상

❖ 1952년 3월 1일~1958년 2월 28일
보목국민학교 6년간 우등상 및 개근상 수상

❖ 1961년 3월 25일
서귀중학교 졸업식 선행상 수상

❖ 1975년 10월 18일
보이스카우트 우수지도자 교육감 표창 수상

❖ 1976년 9월 15일
교육연구논문 최우수 입상 경남교육감상 수상

❖ 1982년 8월 9일
과학전시회 특상 경남교육감상 수상

❖ 1985년 12월 5일
국민교육헌장 선포기념 문교부장관 표창 수상

❖ 1993년 9월 1일
교육자료 전시회 특상 부산직할시 교육감상 수상

❖ 1996년 12월 20일
학교체육활동유공 교육부장관 표창 수상

❖ 2007년 8월 31일
정년퇴임 황조근정훈장 수상

❖ 2019년 12월 17일
실상문학상 작가상 수상

❖ 이외 다수의 상과 표창 수상

등단 및 저서

❖ 1966년 교육자료 7월호 교자문원「 봄소녀」
미당 서정주 시인 1회 추천

❖ 1966년 교육자료 10월호 교자문원
「황혼이 올 때」 미당 서정주 시인 2회 추천
※군 복무 관계로 천료 작품을 못 내었음

❖ 1994년 11월 교육자료 교자문원 시 천료
(가을편지, 폭포, 그믐달) 김종상 시인 추천

❖ 2007년 5월 10일 시집「 가을편지」 펴냄

❖ 2013년 12월 30일
실상문학 시조부문 (돌집, 불통, 비 내리는 산사)
신인상 등단

❖ 2014년 9월 23일
제1 시조집 「구구는 알아도 팔십일은 모른다」 펴냄

❖ 2016년 4월 5일
제2 시조집 「사랑아」 펴냄

❖ 2019년 01월 25일
제3 시조집 「장산의 위무」 펴냄

❖ 2020년 08월 20일
제4 시조집 「뜨는 것이 지는 것이요 지는 것이 뜨는 것이다」 펴냄

❖ 2022년 03월 14일
제5 시조집 「회상의 나래」 펴냄

❖ 2024년 1월 10일
시선집 「황혼이 올 때」 펴냄

올 레

한시용 작사

현천량 작곡

황혼이 올 때

인쇄일 2024년 1월 10일
발행일 2024년 1월 15일

지은이 한시용
펴낸이 박철수
펴낸곳 도서출판 해암

등록번호 제325-2001-000007호
주소 부산시 중구 대청로 138번길 9 (대원빌딩 302호)
전화 051)254-2260
팩스 051)246-1895
메일 haeambook@daum.net

ISBN 978-89-6649-242-8 03810

값 15,000원